E-Learning Consultant

ÊTRE RICHE GRÂCE À L'E-LEARNING
IDÉE BUSINESS 2022

Si vous avez décidé de se lancer sur internet et commencer à générer un revenu « **passif** », il est important de construire votre business avec des bases solides. Dans cet E-Book on vous montrera les étapes indispensables et la manière efficace pour réussir.

Pour réussir, il nécessaire d'adopter une stratégie adéquate avec votre projet, faire copier les stratégies des autres n'est pas une bonne solution, car les stratégies diffèrent d'un entrepreneur à un autre.

D1653987

Sommaire

1. **Présentation du cabinet E-Learning Consultant**
2. **Les secrets pour réussir dans son business**
3. **Point de départ : Savoir quoi vendre !**
4. **Tendance 2022 Les actifs qui vous rendront riches**
5. **Les meilleures façons d'élargir ses connaissances**
6. **Commercialiser votre savoir facilement grâce à un tunnel de vente**
7. **Valoriser son savoir**
8. **PAYEZ-VOUS en premier**

© E-Learning Consultant, 2022

E-Learning Consultant

Au service des infopreneurs, nous sommes aujourd'hui un des leaders au niveau international, des accompagnements en conseil et en formation dans nos domaines d'intervention.

Orienté sur l'accompagnement opérationnel, nos degrés d'exigence en termes d'innovation, de qualité et de résultats ont fait de nous un cabinet de référence et un partenaire durable des plus grands entrepreneurs formateurs.

Agir sur ces leviers, pour en faire les conditions de la performance est notre vocation et notre contribution au développement des business des entrepreneurs formateurs.

Vous partagez cette vision ? Bienvenue chez e-Learning consultant !

1

Présentation du cabinet E-Learning Consultant

© E-Learning Consultant, 2022

> Convaincu que la qualité et l'amélioration en continu mènent les infopreneurs à l'excellence managériale.

Nous adaptons notre expertise à votre domaine de compétence (Immobilier, Coaching, Management, Finance, Médecine, …) Afin de mener à bien vos projets et répondre à tous vos besoins en e-Learning.

© E-Learning Consultant, 2022

Qualité garantie

Amélioration en continu

Création des formations en ligne

e-learning CONSULTANT

Domaines différents

E-Learning consultant, AGENCE EXPERTE dans le domaine du E-Learning et de la formation en ligne

Depuis plus de 7 ans

E-LEARNING CONSULTANT

propose la création des formations en ligne grâce à une équipe d'experts intervenants dans différents domaines (Design et Création des supports, animation du contenu et montage des vidéos …).

E-Learning Consultant

Domaines d'intervention

- Immobilier
- Coaching
- Médecine
- Finance ...

Avec **+113** **Clients**

E-Learning Consultant met à votre disposition ses collaborateurs afin de vous proposer des solutions innovantes couvrant toutes les possibilités de formation en ligne. **Nous adaptons notre expertise à votre domaine de compétence** (Immobilier, Coaching, Médecine, Finance ...) Afin de mener à bien vos projets et répondre à tous vos besoins en e-Learning.

© E-Learning Consultant, 2022

Notre mission

- Valoriser l'expertise dont dispose nos clients pour qu'elles puissent s'adapter aux mutations des marchés et de satisfaire leurs clients.

- Développer des états d'esprit capables de répondre aux attentes du marché.

- Améliorer les compétences des entrepreneurs formateurs sur les aspects démarches et méthodes purement opérationnelles

E-Learning Consultant

Dans un contexte des affaires qui évolue rapidement, notre mission est de livrer des solutions dynamiques fondées sur la confiance, et d'aider nos clients à créer des formations de qualité supérieure. Notre mission guide nos actions et nourrit nos conversations. Elle montre notre engagement à travailler pour obtenir d'excellents résultats pour nos clients.

Notre équipe

Pour répondre à nos missions et répondre concrètement et sur mesure aux besoins de ses clients, notre cabinet met à votre disposition des consultants ayant tous une expérience de plus d'une décennie.

E-Learning Consultant

1. Notre équipe multidisciplinaire, de formation école de commerce ou ingénieur, a acquis des compétences en gestion de projet nécessaires à la conduite de nos missions et a également développé des pratiques liées aux spécificités de différents domaines (formation en immobilier, en Marketing, Médecine, coaching ou autres).

2. Notre équipe multi-compétente, passionnée par la formation en ligne, a développé une expérience terrain concrète grâce à l'accompagnement de nos clients depuis la création du cabinet.

2

Les secrets pour réussir dans son business

Conseils universels à appliquer au quotidien pour développer et améliorer votre business

© E-Learning Consultant, 2022

Avant d'entrer dans le vif du sujet, et afin d'assurer une meilleure transmission de l'information, on vous recommande de commencer par la table des matières qui se trouve juste à la fin de l'E-Book, une fois c'est fait, vous pouviez revenir et commencer une lecture minutieuse des mines d'informations qui se trouvent dans ce livre.

© E-Learning Consultant, 2022

Pour réussir dans votre business, voici quelques conseils à suivre :

1. Créer quelque chose de valeur

" *l'acquisition d'un avantage compétitif soutenable présuppose la création et la distribution régulière d'une valeur supérieure aux clients.* "

Aurier et al. (1998)

E-Learning Consultant

La **valeur perçue** reflète la désirabilité d'une prestation, et se traduit par le prix dont on est prêt à consentir pour l'obtenir. Souvenez-vous toujours de la conception qui est en effet le cœur du management moderne

Placer **vos clients toujours en centre**, ceci va vous conduire à revoir et à modifier en profondeur vos modes de gestion, à travers l'utilisation d'outils éprouvés et l'amélioration en continu de votre offre.

L'offre que vous présentez pour vos clients doit en effet être repensée de manière plus processuelle et transversale. Ne gardez que les éléments susceptibles de **créer une valeur supplémentaire** pour le client.

« Ce qui a de la valeur n'a pas de prix ».

Tout le monde cherche à maximiser la valeur qu'elle va recevoir.

© E-Learning Consultant, 2022

2. Améliorer la vie des autres

> Que pouvez-vous faire pour améliorer la vie de vos clients ?

Voilà ce qu'il faut absolument se demander avant de choisir son idée de business.

Cela vous dire qu'il s'agit bien d'identifier ce que vous **savez**, ce que vous **savez faire** et surtout ce que vous **aimez faire** et de voir comment cela peut **améliorer la vie de vos clients.**

E-Learning Consultant

> C'est la valeur que vous proposez à travers votre prestation qui fait la différence entre vous et ceux qui offrent la même chose.

Quand est-ce qu'on peut dire que vous proposez de la valeur ?

C'est simple : il faut que vos **clients** arrivent à utiliser les outils que vous offrez et maitres en **pratique immédiatement les connaissances transmises**.

3. Être authentique et transparent

Proposer une offre authentique et transparente ne peut être que bénéfique pour votre business !

L'AUTHENTICITÉ, on l'écrit en majuscule, est la qualité indispensable pour construire une relation de confiance avec vos clients. Être authentique c'est être **intègre, honnête, loyal et sincère**. Dès le départ, il faut que vous **soyez clair** pour garantir un certain niveau de transparence.

Vous cherchez à vendre plus, vos clients cherchent aussi à avoir une valeur en contrepartie des sommes payées, c'est pour cela qu'il faut se mettre dans la tête la formule « **gagnant-gagnant** », il faut donner le meilleur de lui-même.

On sait très bien les rouages de la publicité et du marketing. Il est moins facile de duper les clients, car ils ne se laissent plus manipuler. **Les clients veulent du concret, du réel**.

E-Learning Consultant

4. Se concentrer sur le positif

Vous devriez commencer par modifier la façon avec laquelle vous présentez votre offre, identifiez ses points de faiblesses et essayez de les corriger, rien n'est parfait dès le départ. Tout ça, c'est normal, mais ce n'est pas normal de ne rien faire. **Concentrez-vous sur le positif et développez-le**, c'est comme ça que ça fonctionne.

Au début de votre projet, il faut se forcer, se motiver et surtout rester discipliner.

5. Suivre la règle des 20-80

Si on applique la loi de Pareto dans le domaine du business, on trouve que 80 % du chiffre d'affaires est réalisé par 20 % des clients seulement, ce principe se vérifie dans de nombreux domaines.

Mettez le client au centre de vos préoccupations, mettez-vous à sa place et valorisez par vous-même l'offre que vous proposez, demandez l'avis des autres ou faire des tests avant la lancer.

Souvenez-vous d'une règle très importante :

La meilleure des publicités est un client satisfait !

80%

20%

E-Learning Consultant

3

Point de départ : Savoir quoi vendre !

La détermination de quoi vendre détermine l'orientation de votre business.

© E-Learning Consultant, 2022

Démarrer un business marchand en ligne commence par trouver un bien à vendre.

Démarrage

Démarrer un business marchand en ligne commence par trouver un bien à vendre. Beaucoup de personnes trouvent énormément de difficultés durant cette phase du projet. Si elles faisant du Dropshiping elles gaspillent un temps considérable pour trouver le Wining Product. Et si elles font de l'immobilier, elles chercheront arrache-pied où investir, et ce, après avoir cherché d'abord le financement nécessaire pour se lancer …

E-Learning Consultant

SOFT SKILLS

Avant de se plonger dans des milliers voire des milliards de résultat disponibles sur internet, on vous suggère de commencer par chercher en soi, OUI, cherchez en vous ce que vous pourrez offrir à votre communauté, si vous n'arrivez pas, sachez qu'il y a un problème ! Vous devriez acquérir ou développer ce qu'on appelle des SOFT SKILLS.

Avoir des Soft Skills spécifiques à un domaine particulier est essentiel pour démarrer.

Alors qu'ils sont les domaines promoteurs pour démarrer un business en 2022 ?

© E-Learning Consultant, 2022

4

Tendance 2022
Les actifs qui vous rendront riches

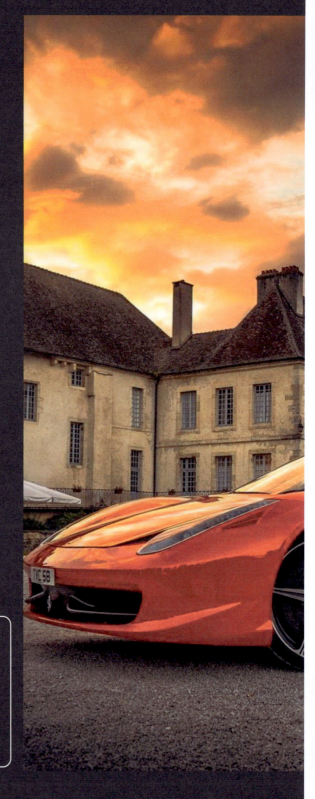

Si vous souhaitez investir votre argent en 2022 et cherchez à faire le meilleur investissement possible, voici les actifs qui vous rendront riches !

Dans cette partie, on vous parlera de 3 domaines promoteurs :

- L'immobilier
- Le savoir
- La Bourse

1. L'immobilier

Aujourd'hui, devenir riche est devenu possible grâce à un investissement immobilier réussi. L'investissement dans l'immobilier peut se considérer comme étant une approche sûre pour gagner de l'argent, le risque qu'on peut estimer dans ce type d'investissement s'avère minimum.

E-Learning Consultant

a. Par quoi commencer ?

Plusieurs possibilités sont offertes pour commencer

- Investir dans **l'immobilier locatif** est sans aucun doute la solution idéale pour générer des revenus de manière durable. Pour démarrer, vous devez tout d'abord choisir les bons lieux pour investir, avec un investissement direct dans des garages et des parkings, des appartements ou même dans des immeubles de rapport....

- En fonction de vos possibilités et de vos préférences, vous pouvez faire de la **location courte durée**, dans ce cas pensez à poster des offres sur AIRBNB pour maximiser votre chiffre d'affaires.

- Vous pouvez aussi opter pour la **collocation**, un appartement peut être loué à plusieurs personnes, dans ce cas il est indispensable de bien aménager le l'espace.

b. Combien investir ?

Si vous projetez de commencer dans ce domaine, il vous faut un capital important de départ.

Quels que soient le type d'investissement que vous projetez de démarrer et le mode de fonctionnement de votre business, un bon budget de départ est indispensable pour assurer un bon départ.

Recourir à la banque pour financer vos investissements n'est pas une bonne solution, car votre rentabilité financière restera toujours fonction de vos charges financières.

c. En résumé

Si vous aviez déjà un bon capital pour vous lancer, investir dans l'immobilier est un business très rentable pour l'année 2022.

2. Le savoir

La création des formations est une **excellente alternative au business « traditionnel »** pour générer des revenus intéressants sur le web.

L'approche idéale pour démarrer votre business en ligne en 2022, qui est pour moi la meilleure approche, consiste à investir dans le savoir. Créer des formations en ligne et les vendre par la suite est une manière efficace pour commencer à gagner votre vie sur internet.

E-Learning Consultant

a. Par quoi commencer ?

Afin de gagner de l'argent sur internet grâce à l'expertise que vous possédez et assurer la pérennité de votre activité, il est toutefois important de **suivre une formation sur « la création des formations »**. Elle vous permettra de tout savoir sur la façon de développer votre business et de vous rendre lisible en ligne grâce à des supports e-Learning de qualité.

D'autre part, vous devez **renforcer vos connaissances** dans votre domaine d'intervention et vous former aux dernières **nouveautés** pour garantir une meilleure qualité pour vos clients.

Après avoir décidé sur le thème les mieux adaptés à votre projet, vous devez vous pencher sur la **création de contenus**. Pour pouvoir générer un chiffre d'affaires, il est indispensable de créer des contenus à forte valeur ajoutée, mettant en lumière votre expertise et répondant à des problèmes auxquels votre audience est confrontée.

Important

Sachez toutefois qu'après la commercialisation, vous pouvez toujours apporter des améliorations à vos formations, en fonction des retours collectés de vos clients.

Il est aussi important de savoir que l'investissement dans des biens immatériels (le cas des formations en ligne) est très rentable, il dégage des marges considérables avec des CF (**Cash-flow importants**).

Autre point essentiel à noter en gras, c'est que votre offre peut continuer à se vendre pendant de nombreux mois, voire même de nombreuses années, à condition de mener des opérations marketing de manière régulière.

Combien investir ?

Pour démarrer ce business, le budget d'investissement qu'il vous faut est **très faible**.

Le montant que vous allez investir servira, d'une part, pour apprendre à créer des supports de formations attractifs, d'autre part, se former sur la création des **tunnels de ventes**, c'est tout ce qu'il vous faut.

E-Learning Consultant

Se former en la création de formations reste pour vous un acquis durable, que vous pourriez en servir pour tous vos projets de réalisation de formation en ligne.

Se former
Un capital qui ne s'amortit jamais !

© E-Learning Consultant, 2022

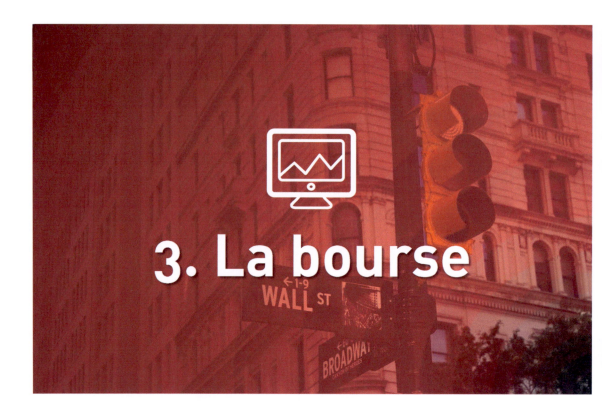

3. La bourse

La bourse ou le Trading, est un concept qui fonctionne. Investir en Bourse, c'est acheter maintenant pour vendre plus tard avec une plus-value latente. Le gain ou la perte sont fonction linéaire du risque, plus que le risque augmente l'espérance de gain augmente, et vice-versa.

a.   Par quoi commencer ?

Vous disposez déjà d'un capital pour commencer, un capital que vous considérez comme « *Affordable Loss* »[1], plusieurs possibilités vous seront offertes :

Apprendre les rouages de l'analyse technique[2] (sans négliger l'analyse fondamentale[3]) et se plonger dans les marchés (commencer à passer des ordres d'achat et de vente).

1. Suivre le portefeuille boursier réel d'un trader pro, et devenir un suiveur.

3. Investir dans une société de gestion, qui s'occupera de la gestion d'un portefeuille pour vous, mais ça reste couteux comme solution.

---

1 Professor Saras D. Sarasvathy is a member of the Strategy, Entrepreneurship and Ethics area. In addition to MBA and doctoral courses in entrepreneurship at Darden, she teaches in doctoral programs in Europe, Asia, Latin America and Africa.

2 « **L'analyse technique** consiste en l'étude des graphiques de cours de la bourse et de différents indicateurs déduits des cours (sous-jacent) dans le but de prévoir l'évolution des marchés » L'analyse technique des marchés financiers, John Murphy, Valor, 2003

3 **L'analyse fondamentale** essaie de quantifier l'effet des statistiques et autres résultats d'entreprises ou économiques sur l'évolution générale des marchés.

La théorie c'est bien, mais à un moment donné il va falloir sauter le pas et utiliser votre nouveau bagage technique pour détecter les opportunités de marché.

En résumé, ça nécessite une formation accrue, et un effort de suivi considérable.

b. Combien investir ?

Le choix d'un courtier reste est indispensable. Bien que les frais jouent un rôle important dans votre décision, un niveau de dépôt minimum est toujours exigé pour avoir un compte activé. C'est une exigence que les débutants considèrent comme une contrainte.

Un capital de 1000 euros ne vous donne pas une grande marge de manœuvre. Il sera difficile de construire un portefeuille diversifié d'actions de belle qualité. En plus le risque encouru reste très élevé.

« **Adoptez une "stratégie du moindre risque"** pour devenir un investisseur qui bat régulièrement le marché ! »

E-Learning Consultant

5

Les meilleures façons d'élargir ses connaissances

> Comment développer constamment vos connaissances et compétences ?

© E-Learning Consultant, 2022

a. Livres
b. Séminaires
c. YouTube
d. Formations en ligne
e. Mentor
f. Podcast

Les livres

Les livres sont très importants pour développer vos connaissances. Ils vous permettent d'apprendre les rouages d'un domaine déterminé. Grâce aux livres, nous pouvons tellement apprendre à travers la lecture ! C'est une ouverture illimitée sur le monde et les autres !

Malheureusement, aujourd'hui nous ne lisons plus, car nous sommes pris tout le temps. Pour lire, nous devons nous poser, prendre le temps… et maintenant plus personne n'a de temps !

E-Learning Consultant

Les Séminaires

Un séminaire est une réunion en petit groupe, généralement dans un but d'enseignement. Quand il se fait en ligne, via l'Internet, on parle de Webinaire.

Les séminaires sont des évènements généralement commerciaux, dont l'accès est gratuit. Les experts qui vous délivrent, gratuitement, des informations ou des formations sur des sujets très variés ont souvent des objectifs de promotion commerciale. Alors, faites attention à l'information que vous consommez !

© E-Learning Consultant, 2022

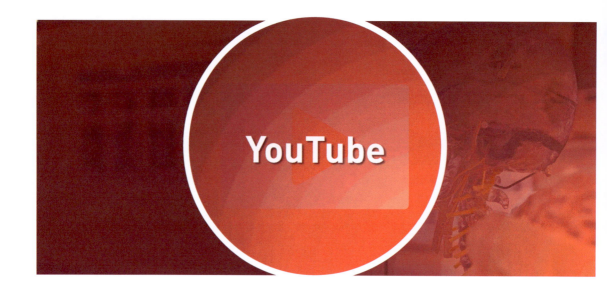

YouTube est la plateforme vidéo la plus utilisée au monde, c'est une vraie mine d'or d'information pour développer vos connaissances. Et comme pour les séminaires/Webinaires, il est essentiel de vérifier et de décrypter l'information que vous recevez, car c'est toujours du Gratuit !

E-Learning Consultant

Formations en ligne

Depuis plus d'une décennie, les formations en ligne sont considérées comme outil de diffusion de la connaissance le plus **performant**, chaque personne peut suivre le programme proposé **selon son propre rythme et selon sa disponibilité**.

Il s'agit du **dispositif le plus flexible et le moins coûteux** pour démarrer dans un domaine.

Les formations en ligne (formations e-learning) permettent à des millions de gens d'enrichir leurs compétences.

Grâce aux différents supports utilisés comme la vidéo, les supports PDF, les Podcasts mp3, ces formations ont permis de démultiplier les possibilités **d'apprentissage en évitant les déplacements** et les problèmes de capacités.

Mentoring

Le mentorat (mentoring en anglais) désigne une relation interpersonnelle de soutien, une relation d'aide, d'échanges et d'apprentissage, dans laquelle une personne d'expérience, le mentor, offre sa sagesse acquise et son expertise dans le but de favoriser le développement d'une autre personne, le mentoré, qui a des compétences ou des connaissances à acquérir et des objectifs professionnels à atteindre [4]

Chaque personne, selon ses besoins et ses préférences, choisie un mentor soit sur la base de leur propre parcours personnel, des références de clients, soit pour le fait d'avoir suivi le cursus d'une école réputée.

---

[4] C. Cuerrier, Le mentorat: lexique et répertoire de base, Québec : Éditions Fondation de l'entrepreneurship, 2002

E-Learning Consultant

L'audio prendra dans les mois et les années à venir, une place de choix dans le domaine de la formation et de l'autoapprentissage.

Chacun peut désormais s'initier à un nouveau domaine avec une flexibilité inégalée.

En écoutant, certains épisodes, on a parfois le sentiment d'assister à une formation pour lancer et pérenniser un business.

6

Commercialiser votre savoir facilement grâce à un tunnel de vente

Le tunnel de vente est l'un des meilleurs moyens pour lancer et pérenniser votre business.

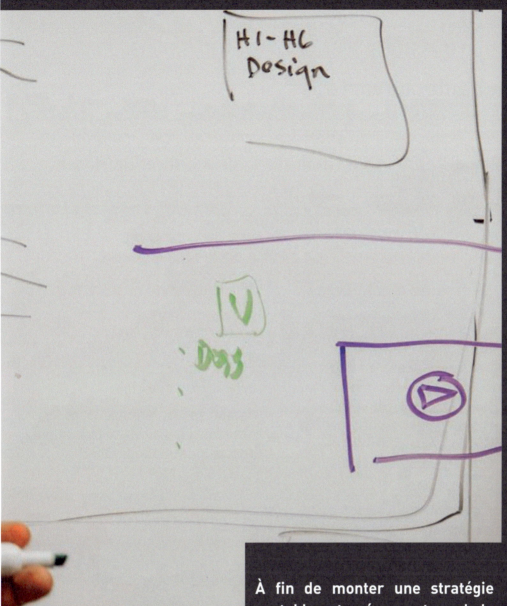

À fin de monter une stratégie rentable, et créer un tunnel de vente, on vous propose 4 étapes magiques[5]:

1. La découverte
2. L'obtention des coordonnées
3. La valeur ajoutée
4. La vente

© E-Learning Consultant, 2022

5 https://systeme.io/blog/premier-tunnel-vente

1- La découverte

C'est l'étape où le prospect **vous découvre**. Une multitude de méthodes existe. On les distingue en deux grandes catégories.

L'inbound marketing

L'outbound marketing

Cela consiste à faire venir les clients à soi en créant du contenu qualitatif (une vidéo Youtube, un article de blog, un post Instagram, un post Facebook ou un Tweet.) et optimisé pour les moteurs de recherche.

À l'inverse de l'inbound, cela consiste à aller chercher les clients. En d'autres termes, on appelle ça la publicité.

L'avantage se retrouve dans les résultats immédiats, à condition de savoir ce que vous faites.

Les clés du SEO, le nerf de la guerre de cette stratégie, sont dans du contenu qualitatif et des liens pointant vers votre site.
Cela peut-être n'importe quoi tant qu'il apporte de la valeur au public ciblé.

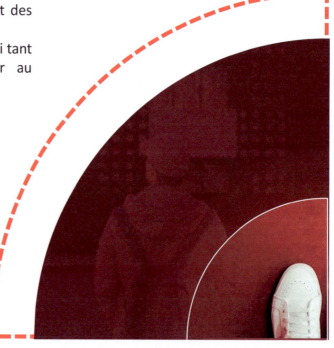

E-Learning Consultant

2- L'obtention des coordonnées

L'objectif est de pouvoir recontacter la personne. L'idée est de simplifier la procédure au maximum afin d'augmenter les chances pour que le prospect s'inscrive.

Malgré les chatbots sur Facebook, les SMS, etc., le plus efficace à ce jour reste **l'email**.

C'est grâce à cette adresse que le prospect mettra un pied dans votre cash machine.

Pas besoin de lui mettre un pistolet sur la tempe pour l'obtenir, mais appliquer la règle la plus fondamentale en marketing : **apporter de la valeur**.

La méthode la plus simple et la plus efficace est de proposer un **bonus gratuit en échange de l'adresse mail** via une pop-up, une barre latérale ou un lien externe.

Une bonne page de capture basique contient quatre éléments principaux :

1. Un titre accrocheur.

2. Une proposition de valeur claire et spécifique.

3. Un ou plusieurs champs pour récupérer les coordonnées.

4. Un appel à l'action.

3- La valeur ajoutée

L'objectif de cette étape est de montrer aux prospects que vous n'êtes pas un charlatan, que vous savez ce que vous faites et que vous avez une **réelle expertise**.

Pour cela, vous allez créer une **séquence email** automatique. Ce sont des emails que vous rédigez une fois et que vous programmez sur une période, par exemple 5 jours. Cela fonctionne également avec une série de vidéos.

Les prospects recevront donc davantage de solutions à leurs problèmes et ils comprendront que vous êtes un réel expert.

Au bout de cette séquence, vous allez présenter à vos prospects un **produit à vendre**. C'est l'heure **d'encaisser vos premiers euros**.

E-Learning Consultant

4- La vente

C'est l'étape préférée des entrepreneurs. Celle où on récolte le fruit de son travail.

Elle se divise en deux étapes :

La page de vente

En suivant le processus à la lettre, les personnes arrivant sur cette page sont des prospects « ultra qualifiés », car ils vous ont suivi depuis le début du tunnel.

Cette page peut être composée d'un titre, une vidéo et un appel à l'action ou bien totalement rédigée et nous avons alors uniquement du texte et des boutons d'appel à l'action.

Le bon de commande

C'est là que le futur client rentre les informations importantes à la facturation et les informations de paiement.

C'est également l'endroit où vous pouvez **optimiser le panier moyen** de votre client avec des Order Bumps (offres supplémentaires).

Un **tunnel de vente optimisé propose des Upsells** après l'achat. Ce sont comme des order bumps mais disponibles uniquement après avoir rentré sa carte bancaire.

En résumé, votre premier tunnel de vente est composé de :

Contenu qualitatif sur les plateformes où vos prospects se trouvent.

Une page de capture avec bonus.

Contenu exclusif délivré par mail (ou autre) en **apportant de la valeur**.

Une page de vente et un bon de commande.

Éventuellement des Upsells.

Vous êtes maintenant prêt pour lancer votre business en ligne.

À votre succès...

7

Valoriser son savoir

la qualité de vos supports est une source davantage concurrentielle déterminante

Principaux supports de formation :
- **E-Book**
- **Vidéo**
- **PDF**
- **Podcast**

Pour valoriser votre offre, vous devrez **bien travailler vos supports de formation** (vidéo, PDF, E-Book …), car c'est le canal de communication ou de transmission entre vous et vos clients.

Cherchez toujours à offrir à vos clients des **supports de haute qualité**, c'est une vraie arme stratégique à mettre en avant. La réussite financière et la pérennité de votre business dépend de la qualité du savoir que vous cherchez à transmettre.

E-Learning Consultant

Selon l'Association française de normalisation :

> « un produit ou service de qualité est un produit dont les caractéristiques lui permettent de satisfaire les besoins exprimés ou implicites des consommateurs »
>
> **AFNOR**

Face à un environnement de plus en plus concurrentiel, la qualité de vos supports est une source davantage concurrentielle déterminante, voire un passage obligé pour assurer la survie de votre business.

8

PAYEZ-VOUS en premier

Payez-vous en premier ne signifier pas de gaspiller l'argent accumulé !

L'argent que vous mettez de côté doit être investi et il doit travailler dur pour vous.

Payez-vous en premier consiste à créer ou à mettre en place un système qui met de manière automatique un pourcentage, que vous déterminez à l'avance, de vos recettes de côté.

En général, plus vos gagner plus, plus vous pouvez vous permettre de « vous payer » une plus grosse part.

Rappelez-vous de cette règle :

« Payez-vous en premier ne signifier pas de gaspiller l'argent accumulé ! Cet argent que vous mettez de côté doit être investi et il doit travailler dur pour vous. »

E-Learning Consultant

eBook téléchargeable sur le lien suivant :

https://www.elearningconsultant.net/ebook

Réserver votre place pour notre formation sur :

https://www.elearningconsultant.net/reservation

Note DATE __ / __ / ____

Note

DATE __ / __ / ____

Note DATE __/__/____

Note

DATE __ / __ / ____

Note DATE __ / __ / ____

Note

DATE __ / __ / ____

Printed in France by Amazon
Brétigny-sur-Orge, FR